NATIONAL GEOGRAPHIC

Flowers for Grandma

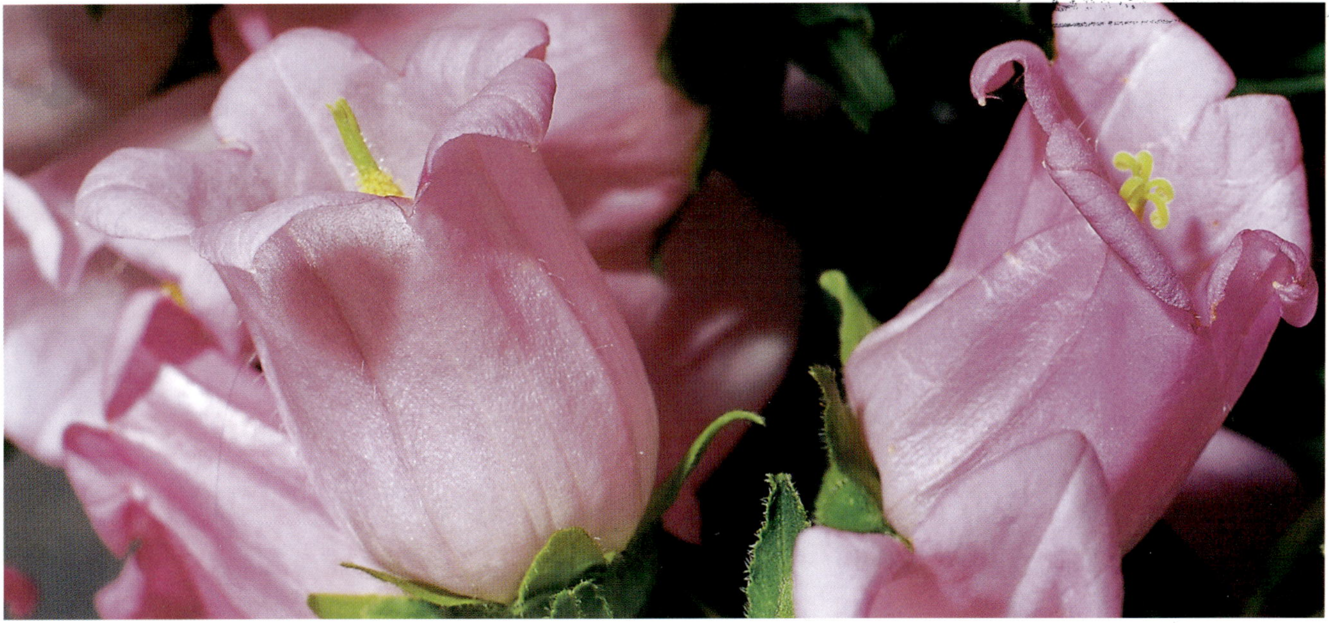

Karl Jensen

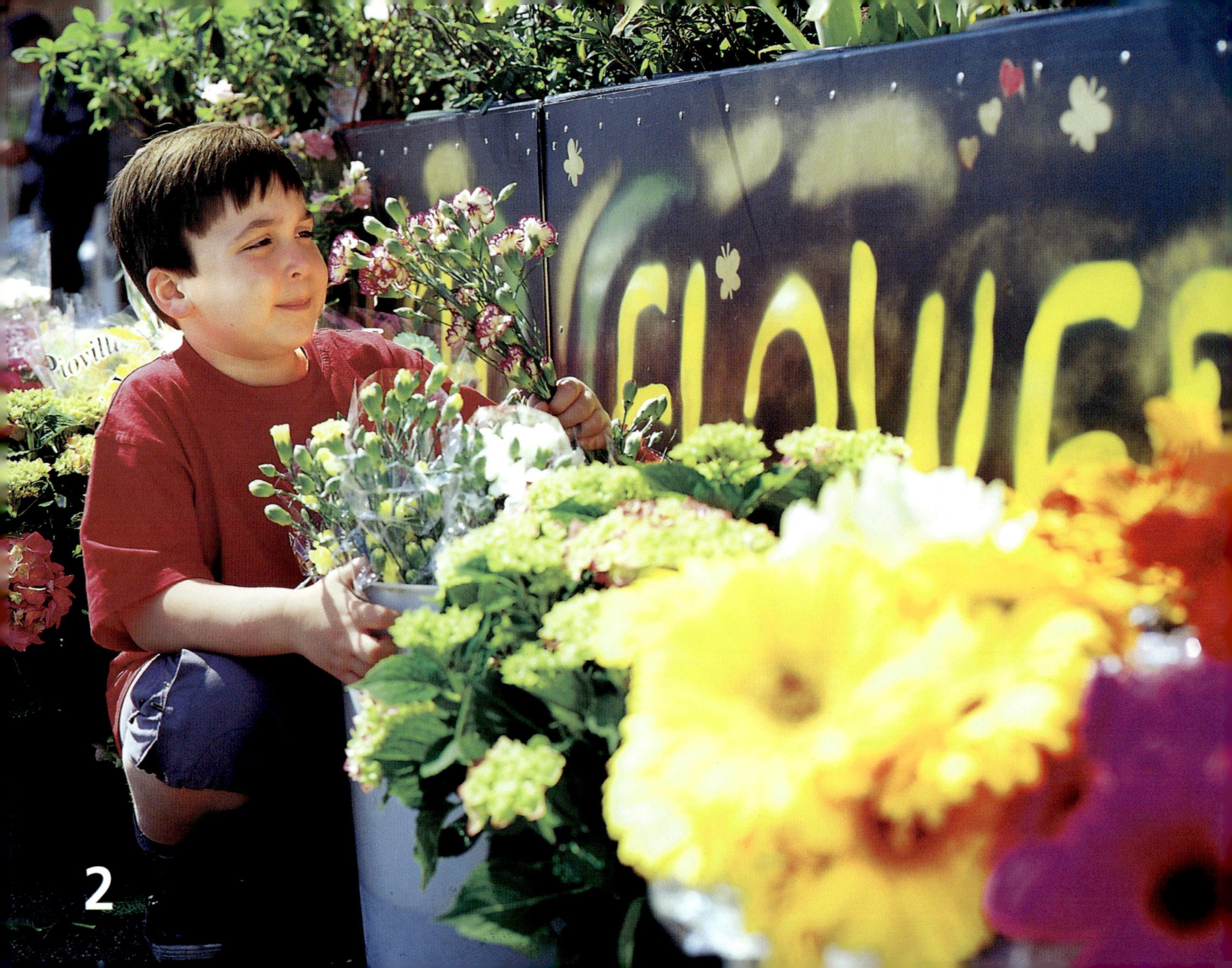

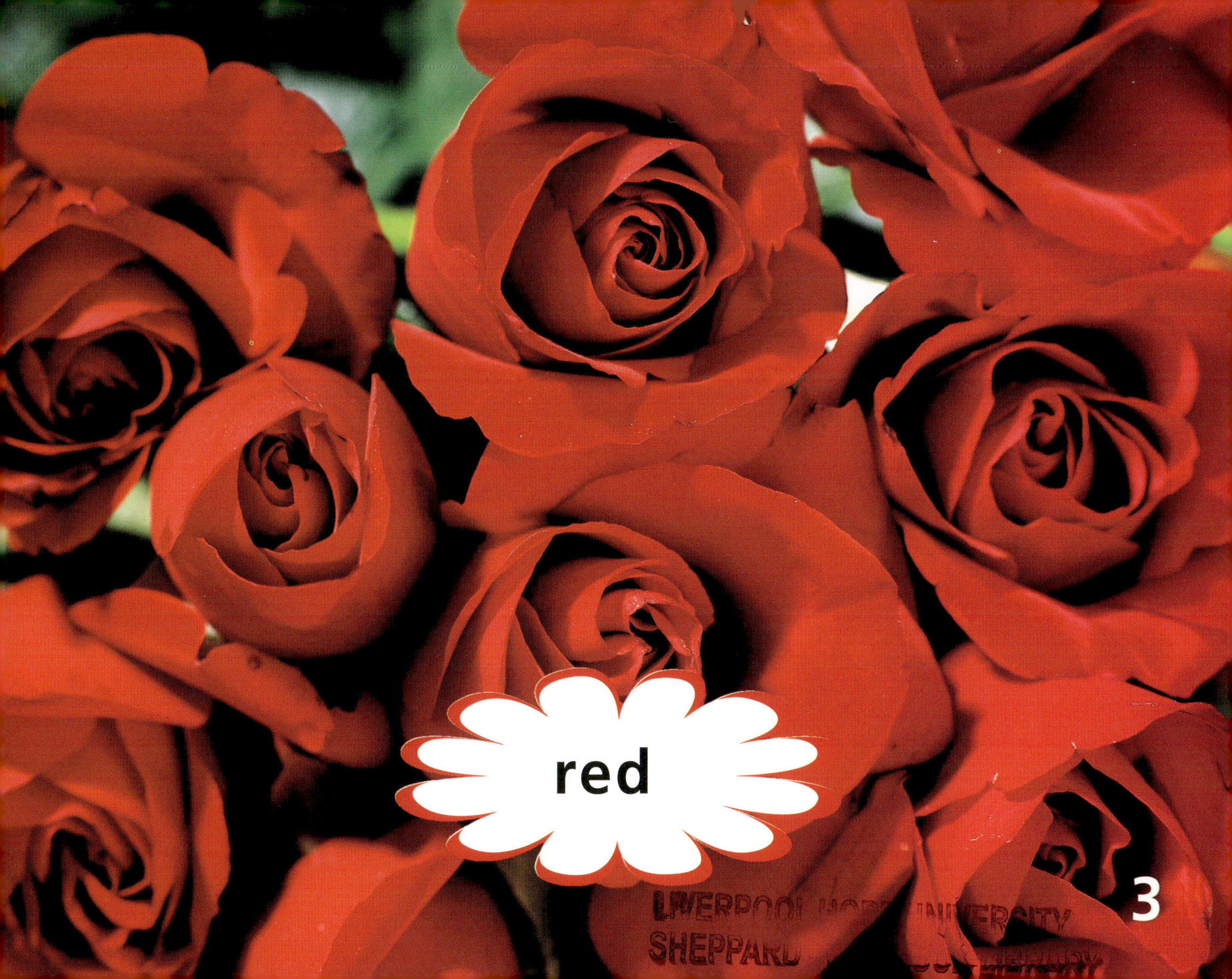

red

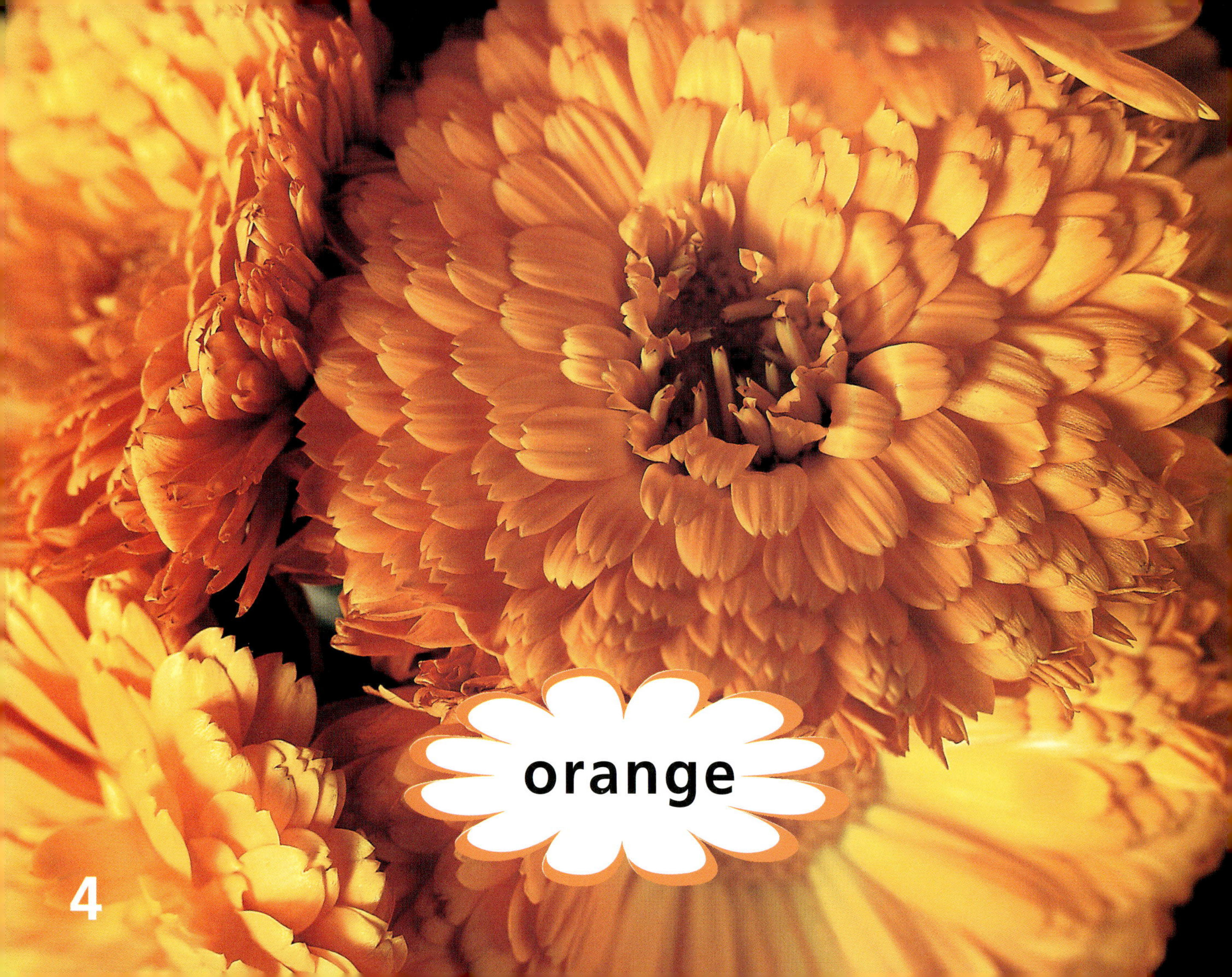

orange

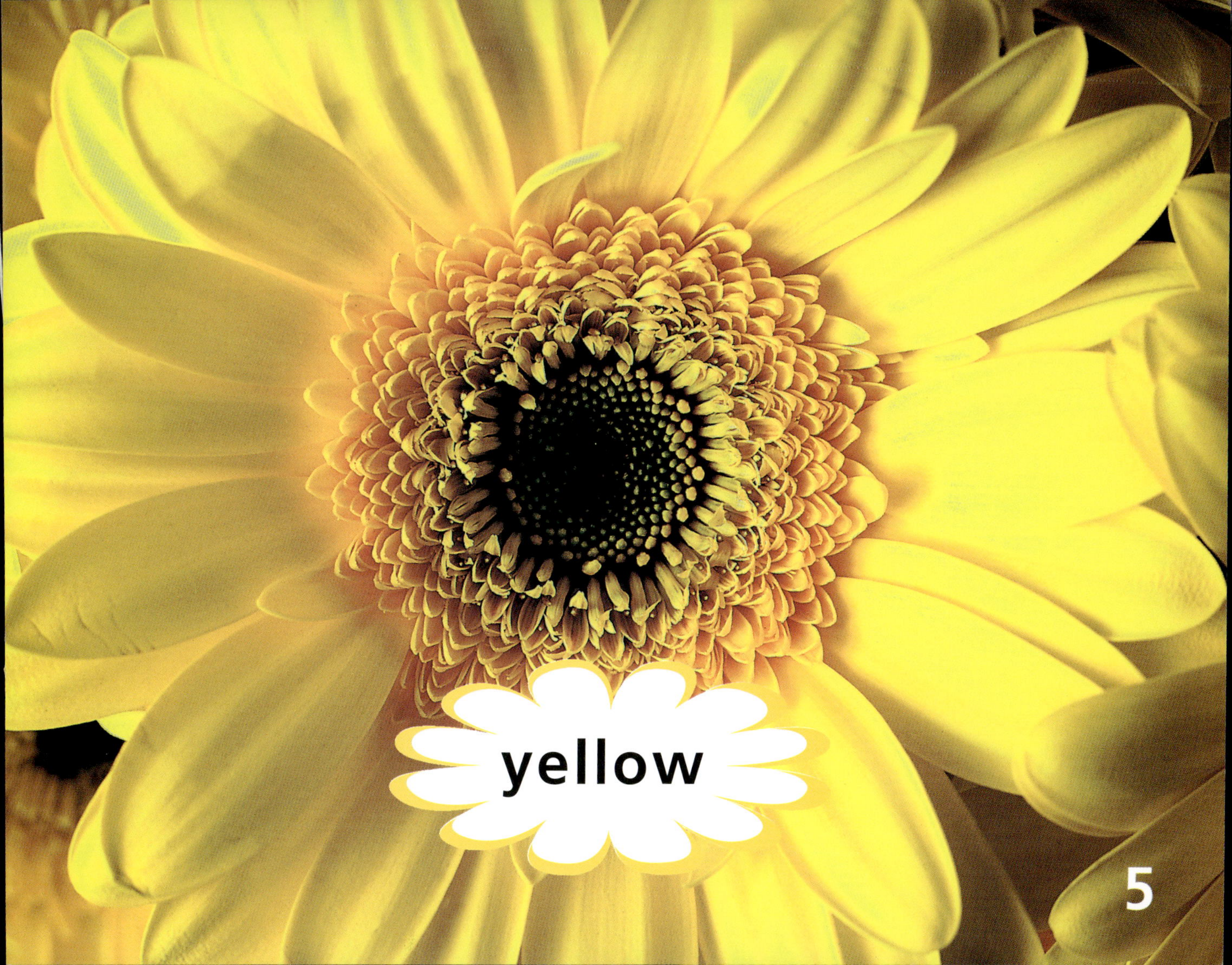
yellow

purple

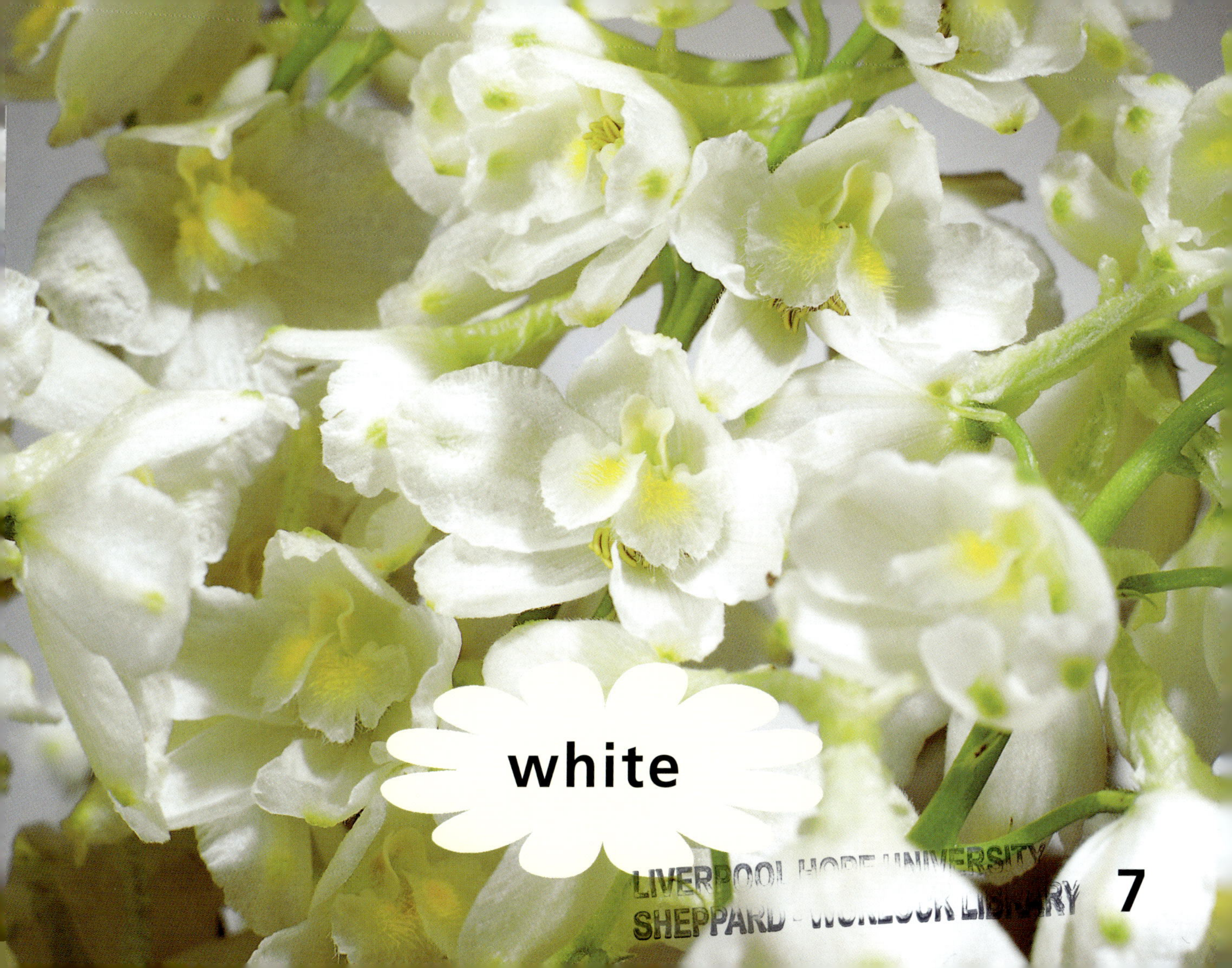
white

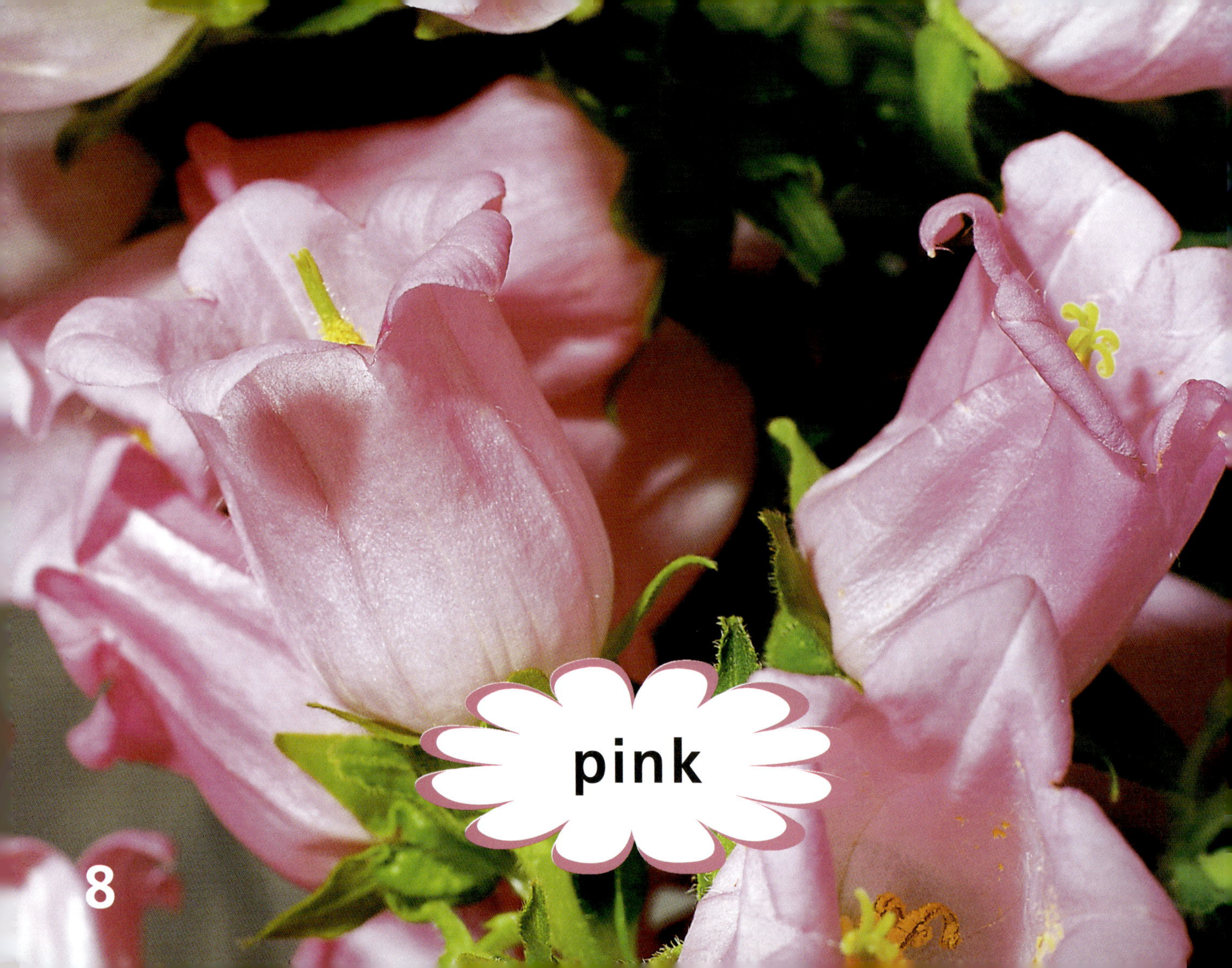

pink

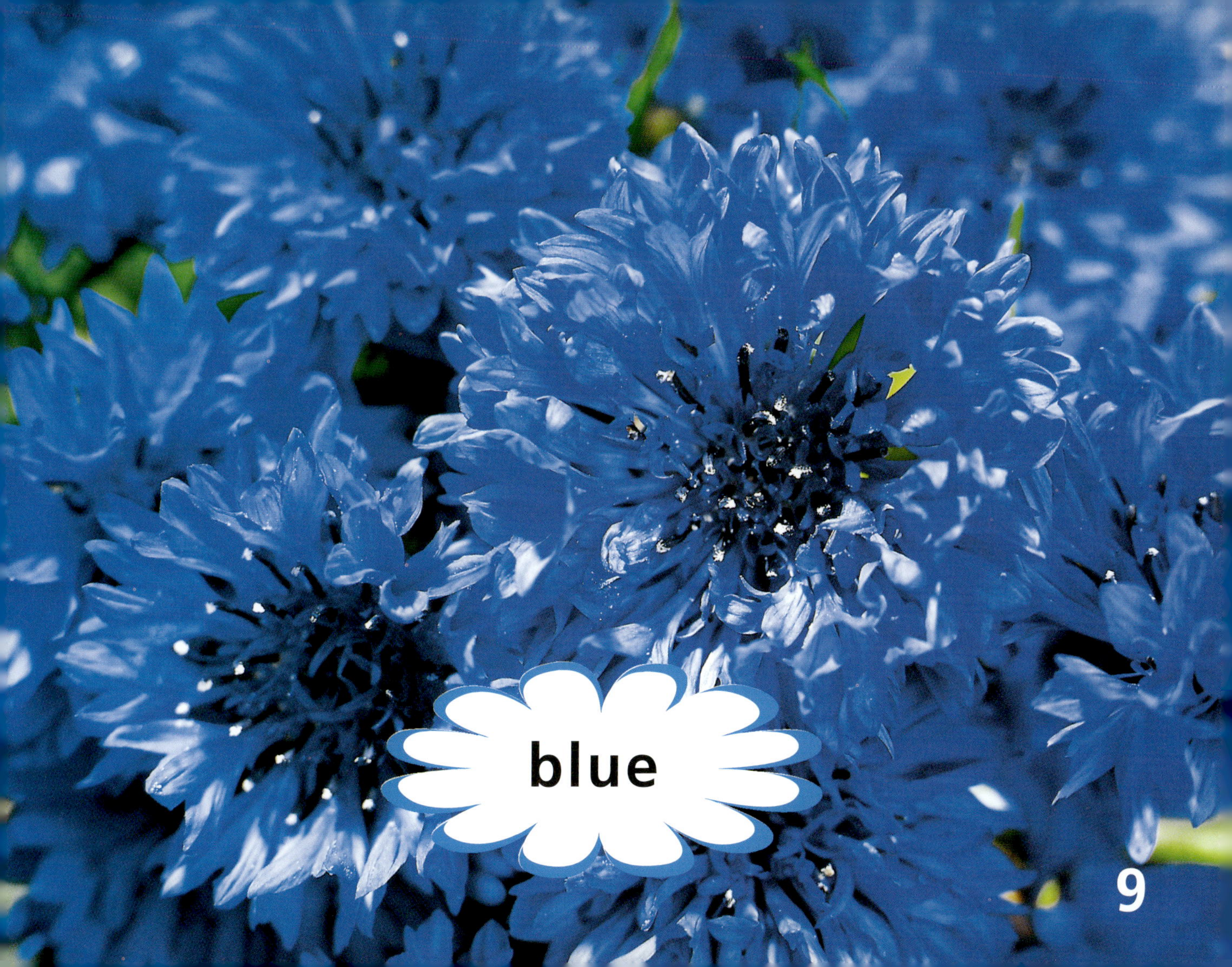
blue

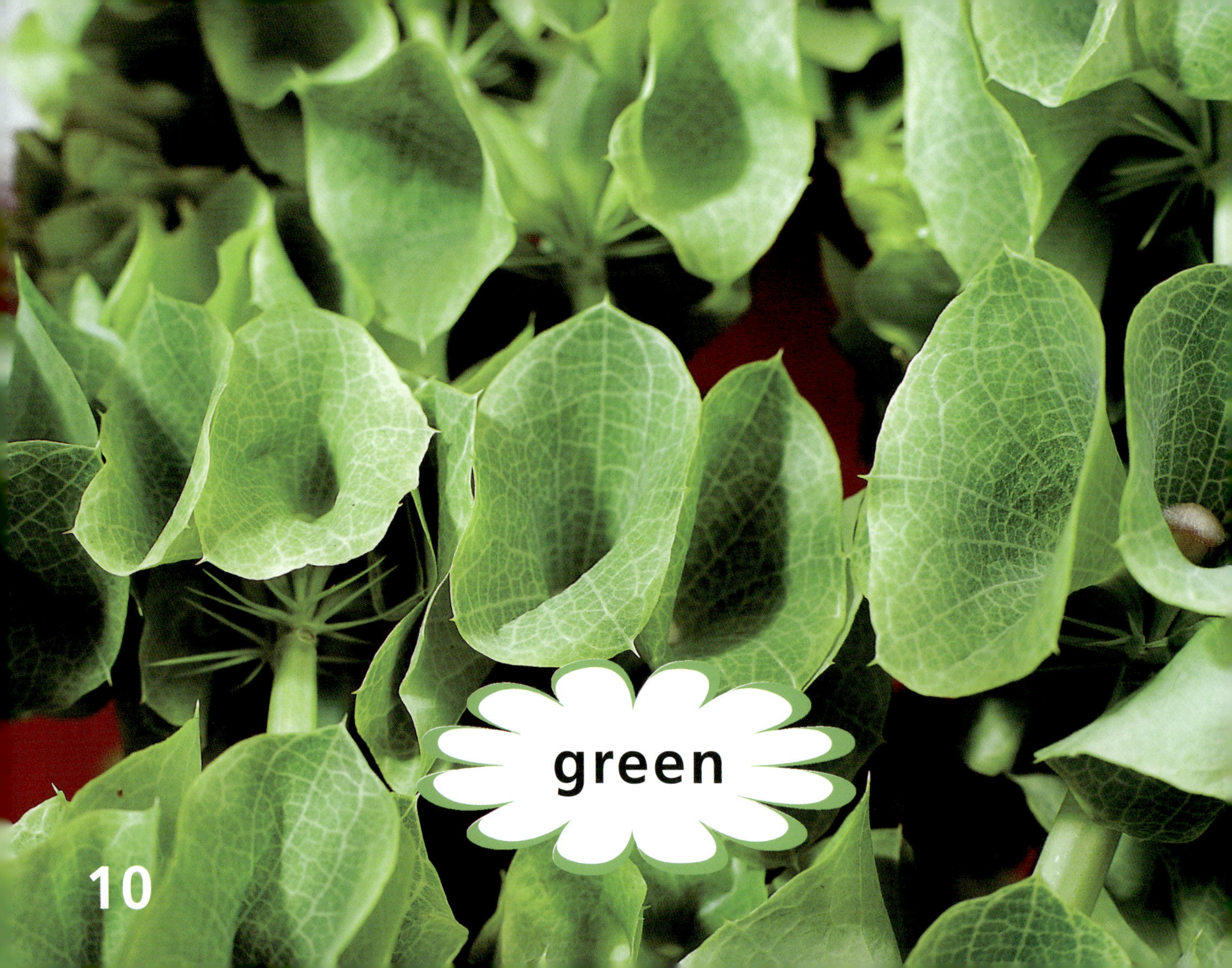

green

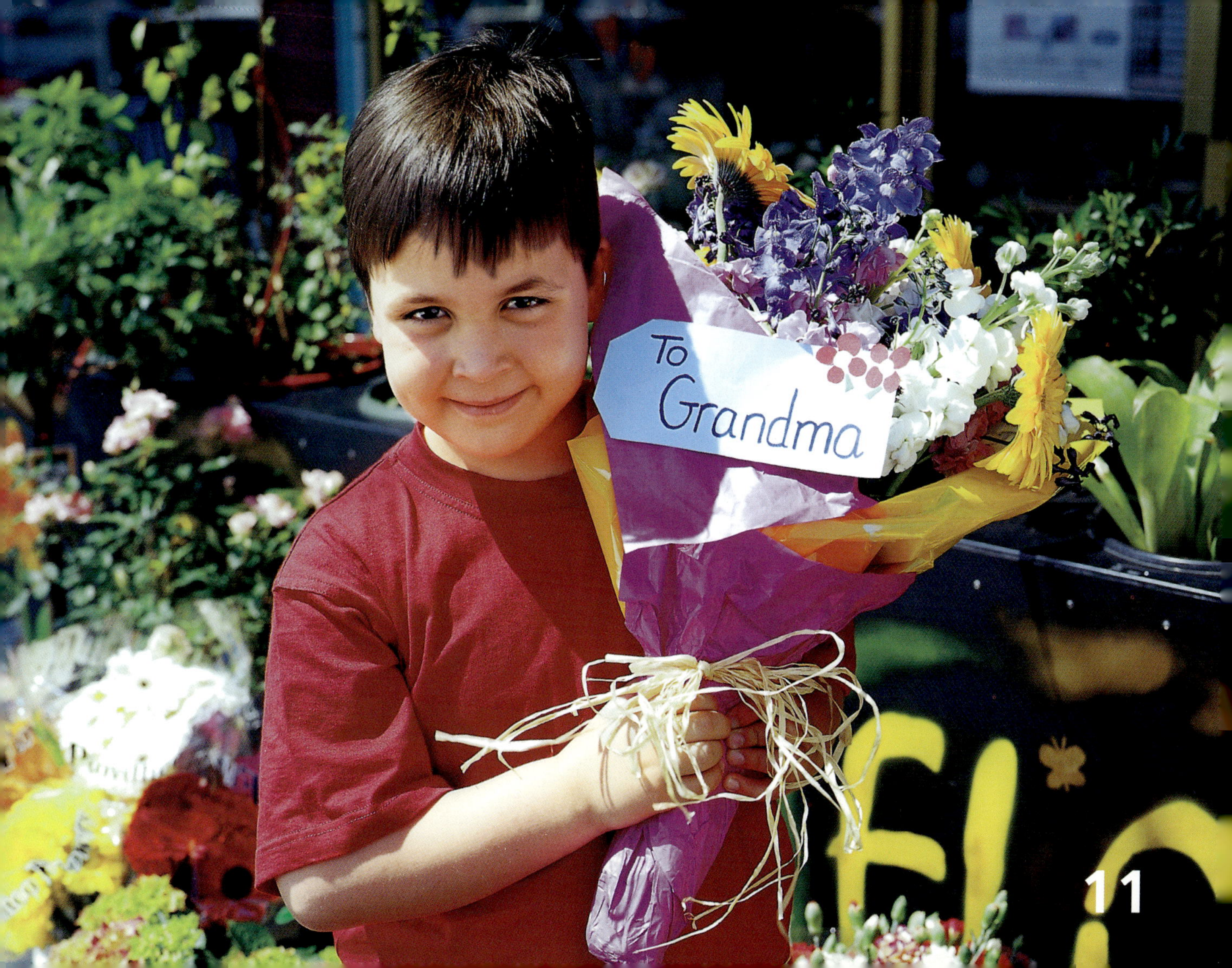
To Grandma

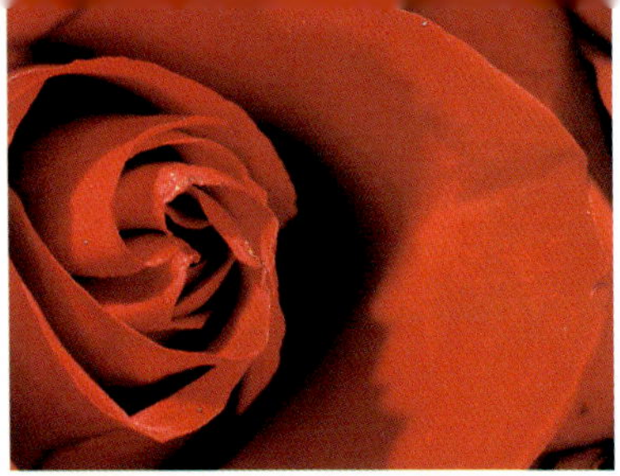

red

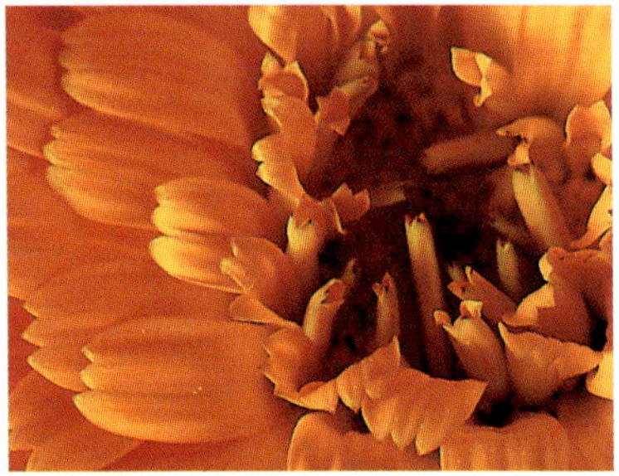

orange

yellow

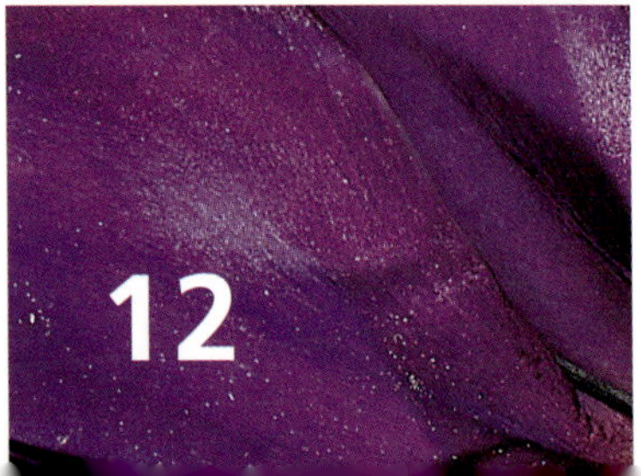

purple

white

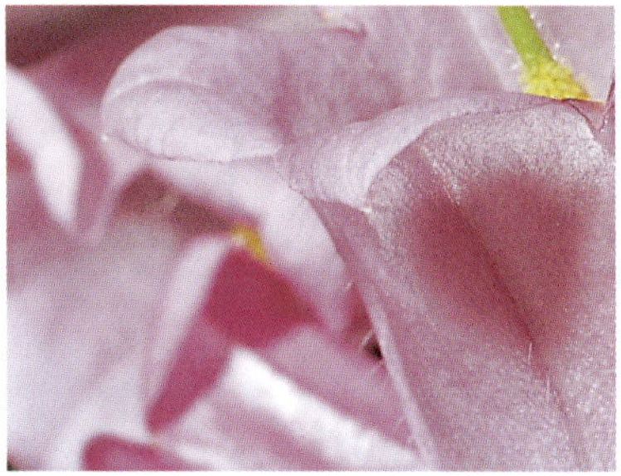

pink

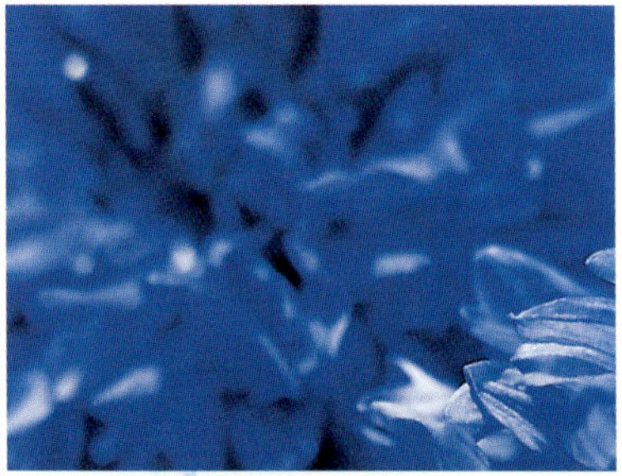

blue

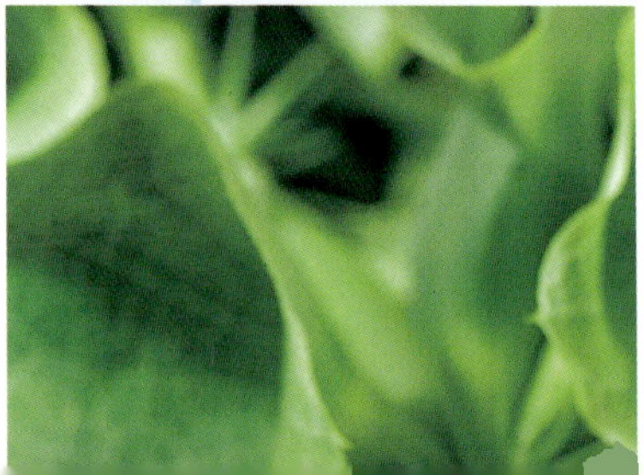

green